LETTRE CRITIQUE

A M**,

SUR LA TRAGEDIE

DE TANCRÉDE.

LETTRE CRITIQUE

A M**,

SUR LA TRAGEDIE

DE TANCREDE.

LA foule des hommes obſcurs & envieux publiait depuis long-temps, Monſieur, que les derniers Ouvrages de M. de Voltaire devaient faire rougir ſa vieilleſſe ; qu'il devoit quitter enfin la carrière ; que ſon ame était déſormais *languiſſante & ſtérile*. On lui criait : *plus d'Homélies*. M. de Voltaire, au milieu de tous ces cris,

A

vient de nous donner Tancréde.
La réponfe eft fublime.

Retiré à la campagne, vous n'avez pû, Monfieur, affifter à la repréfentation de cette Tragédie. Vous êtes impatient de la connaître, & vous attendez de moi cette fatisfaction. J'ai vû la piéce plufieurs fois, & je puis vous en rendre un compte affez exact. Si je hafarde d'en dire mon fentiment, ce fera avec cette défiance, & cette circonfpection qu'on ne faurait trop avoir, lorfqu'il s'agit de juger fes maîtres. Je vous préviens même que je puis m'être trompé fur les défauts que j'ai cru remarquer, mais non pas fur les beautés que j'ai fenties.

Argire, Chef des Siracufains, a été long-temps l'ennemi d'Orbaffan, un des principaux de la République. Il a même été quelque-temps éloigné de fa patrie, dépouillé de ſes biens & de ſes honneurs, & obligé d'envoyer ſon épouſe & ſa fille Aménaïde cher-cher un azyle à la Cour de Biſan-ce. Rentré dans tous ſes droits, il veut les affermir, en prenant pour gendre cet Orbaſſan, conſi-déré dans Siracuſe, & diſtingué même par ſes exploits ; d'ailleurs homme dur & orgueilleux. Cet hymen en réuniſſant deux maiſons puiſſantes, calmera les factions qui ont régnés long-temps dans Sira-cuſe, & raſſemblera tous les Ci-toyens contre leurs communs en-nemis, les Grecs & les Muſul-mans. Tous ces deſſeins ſont ex-poſés dans un conſeil, par lequel ouvre la Scène. Argire y déclare le choix qu'il a fait d'Orbaſſan. Celui-ci redoute encore d'autres ennemis ; ce ſont ces Gentilshom-mes français, ces Tancrédes, qui ſont venus s'établir en Sicile. Tancréde, dont il s'agit ici, forti de ce fang illuftre, a été banni de Siracufe dès fon enfance, ainfi que fa famille, devenue fufpecte & redoutable; il a fervi fous les Céfars de Bizance. Il eft outragé, il eft à craindre, il faut le profcrire. Tel eft l'avis du Sénat. Déjà fon héritage a été remis entre les mains d'Orbaffan. On ne faurait s'armer de trop de févérité : les Loix condamnent à perdre la vie, quiconque entretiendra la moindre intelligence avec les étrangers. Il faut exécuter ces Loix à la rigueur ; c'eft l'efprit qui anime le Sénat. Argire, affoibli par les années, fe démet du commandement en faveur de fon gendre. Le Sénat fe retire : Argire exhorte Orbaffan à fléchir la dureté de fon caractère.

C'eſt peu d'être un guerrier ; la modeſte douceur

Donne un prix aux vertus, & ſied à la valeur :

Vous ſentez que ma fille, au ſortir de l'enfance,

Par ſa mère élevée à la Cour de Bizance,

Pourrait s'effaroucher de votre auſtère accueil,

Qui tient de la rudeſſe & reſſemble à l'orgueil.

Pardonnez aux avis d'un vieillard & d'un père.

Aménaïde paraît. Son père lui annonce qu'Orbaſſan doit être ſon époux. Frappée de cette nouvelle, elle demande à ſe recueillir un moment dans le ſein de ſon père ; elle lui avoue ſa répugnance invincible pour un homme qui a été long-temps l'ennemi de ſa maiſon ; elle lui rappelle tous les malheurs qu'il a éprouvés, ceux qu'elle même a soufferts. Argire lui repréfente le crédit, le pouvoir d'Orbaſſan : il a befoin de ſon appui. Aménaïde lui répond :

Quel appui ! vous vantez ſa fuperbe for-
    tune :
Mes vœux, plus modérés, la voudraient
    plus commune.
Je voudrais qu'un Héros ſi fier & ſi puiſ-
    ſant
N'eût point, pour s'agrandir, dépouillé
    l'innocent.

Enfin, elle lui demande quelques jours de délais : ſon père les lui accorde ; mais il lui déclare qu'il faut obéir. Aménaïde demeure avec ſa confidente, & lui apprend qu'on veut l'unir avec Orbaſſan, & que Tancréde eſt dans Meſſine. Elle adore Tancré-de : ſa mère les a unis dès leur enfance ; fans doute il revient pour elle : il fe fraye un chemin à travers le camp de Solamir , Chef des Maures, dont l'armée environne Siracufe. Elle veut hafarder tout, pour hâter fon retour.

Cet Acte m'a paru très - bien fait : tout y eft expofé d'une manière intéreffante. Le caractère fublime & intrépide de la fille d'Argire y eft très-bien annoncé ; la Scène du confeil eft bien tiffue, & la verfification de cet Acte eft pleine de nobleffe.

Aménaïde rentre au fecond Acte avec fa confidente ; elle a écrit à Tancréde ; un efclave s'eft chargé de traverfer le camp des Maures, & de rendre la lettre. Fanie craint quelque revers : Aménaïde, pleine de fon amour, eft incapable de crainte : elle va revoir Tancréde. Mais, dit Fanie, qui fera fon appui?

Sa gloire. Qu'il se montre, il deviendra
le maître

Un Héros qu'on opprime attendrit tous
les cœurs ;

Il les anime tous, quand il vient à pa-
raître.

. . . .

Je ne sais si mon cœur est trop plein de
ses feux,

Trop de prévention, peut-être me pos-
séde ;

Mais je ne puis souffrir ce qui n'est point
Tancréde.

Argire entre, suivi des Séna-
teurs. Il ordonne à sa fille de se
retirer. On a surpris sa lettre ; elle
est sans adresse. L'Esclave a été
arrêté près du camp de Solamir.
Solamir a aimé Aménaïde. On ne
sait pas que Tancréde est près de
Siracuse ; tous les soupçons tom-
bent sur Solamir. On croit que

cet écrit est pour lui. Appeller l'ennemi dans Siracuse, est un crime digne de mort. On condamne Aménaïde. Orbassan lui propose de combattre pour elle, suivant l'usage de ce temps-là, mais il veut être sûr de son amour. Aménaïde ne peut à ce prix accepter une offre, où il entre plus d'orgueil que d'humanité. On la mène en prison.

Je ne sais si j'ai tort, Monsieur; mais il me semble que cet Acte est très-défectueux. Aménaïde est condamnée avec une précipitation qui n'a point d'exemple. Son père ne fait pas la moindre tentative pour la sauver. L'action de cet Acte par elle-même très-importante; le Personnage le plus intéressant de la Piéce est condamné à la mort, & l'on est tout étonné de ne voir aucun mouvement, aucune chaleur, point de passions,

point de reſſort théâtral, & Aménaïde eſt ſur le point d'aller à
l'échaffaut, qu'on n'a point encore ſenti la pitié. Paſſons ſur
cet Acte, Monſieur, & venons
au troiſiéme, qui le répare
bien.

Tancréde entre, ſuivi d'Aldamon ſon ami, & de deux Ecuyers.
Le Théâtre qui repréſentait d'a-
bord le Palais d'Argire, repréſente alors une Place publique.
On n'a pas manqué de relever ce
défaut d'unité, ſans faire réflexion
que c'eſt plutôt le défaut de notre
Scène, qui n'eſt pas aſſez vaſte,
pour repréſenter à la fois une Place
& un Palais attenant, qui tous
deux ſeraient expoſés aux yeux
des Spectateurs, de manière qu'on
y vit agir les perſonnages. Il y a
long-temps qu'on fait ce reproche
à notre Théâtre, & on le fera encore long-temps. C'eſt aſſez l'eſ-
prit

prit de ce siécle de voir les abus,
sans les corriger.

Tancréde voit de tous côtés les
Armes & les Devises des Chevaliers de Siracuse. Aldamon lui dit :
Votre nom seul ici manquait à
ces grands noms. Tancréde lui
répond :

Que ce nom soit caché, puisqu'on le
    persécute,

Peut-être, en d'autres lieux, il est célè-
    bre assez ;

Vous, qu'on suspende ici mes chiffres,
    effacés,

Qu'aux fureurs des partis ils ne soient
    plus en butte.

Que mes armes sans faste, emblêmes des
    douleurs,

Telles que je les porte au milieu des ba-
    tailles ;

Ce simple bouclier, ce casque sans cou-
    leurs

B

Soient attachés sans pompe à ces tristes murailles.

Conservez ma devise, elle est chère à mon cœur;

Elle a, dans les combats, soutenu ma vaillance,

Elle conduit mes pas, & fait mon espérance;

Les mots en sont sacrés : c'est l'Amour & l'Honneur.

Il se fait annoncer comme un Guerrier qui vient défendre Siracuse contre les Maures, & qui veut être inconnu. Aldamon lui apprend que c'est Orbassan qui commande. Il sçait que cet Orbassan est son rival. Il est impatient de revoir Aménaïde; il envoye Aldamon lui demander un moment d'entretien. Il reste seul, son monologue est admirable; il est plein de ces Vers tirés de la situation, que le connaiſſeur admire, tandis que la foule applaudit les Tirades.

Quel eſt cet Orbaſſan ? Quel eſt ce téméraire ?

Quels ſont donc les exploits dont il doit
s'applaudir ?

Qu'a-t-il fait de ſi grand, qui le puiſſe
enhardir

A demander un prix qu'on doit à la vaillance,

Qui, des plus grands Héros ferait la ré-
compenſe,

Qui m'appartient du moins par les droits
de l'amour.

Tancréde dans la circonſtance où il ſe trouve, ne peut parler au-trement. Je ne ſais ſi bien des gens eſtimeront ce mérite. Mais je ſais que depuis long-temps les perſon-nages de nos piéces ne diſent rien moins que ce qu'ils doivent dire. Aldamon revient conſterné. Il apprend à Tancréde qu'Aménaïde promise à Orbassan , & infidéle à l'amour , trahit tout pour Solamir. Ces nouvelles affreuses qui frappent successivement le cœur de Tancréde le jettent dans le désespoir. La situation est tragique. Cependant il se représente combien la calomnie & l'imposture s'attachent à poursuivre la vertu. Aménaïde, sans doute, en est la victime : il faut s'éclaircir avec elle. Il veut voler à ses pieds : Aldamon l'arrête, & lui apprend qu'on va la mener à la mort. Tancréde furieux lui dit :

Crois-moi, ce sacrifice ,
Cet horrible attentat ne s'achevera pas.

Argire paraît soutenu par ses Ecuyers. Tancréde se présente comme un Chevalier prêt à employer son bras pour lui & pour Siracuse. Il est pénétré de

reſpect pour Argire ; il ſent
comme lui ſes malheurs ; il l'in-
terroge en frémiſſant, & ne lui dit
que ces mots admirables,

Eſt-il vrai ?... Votre fille...

Argire lui avoue qu'elle eſt
coupable , & il ajoute qu'aucun
Chevalier ne ſe préſente pour la
défendre.

Il s'en préſentera : gardez - vous d'en
    douter ,

Lui répond Tancréde avec tranſ-
port ;

Il s'en préſentera, non pas pour votre fille;
Elle eſt loin d'y prétendre & de le mériter;
Mais pour l'honneur ſacré de ſa noble
    famille ,
Pour vous , pour votre gloire , & pour
    votre vertu.

Mais qui ? dit Argire.

            Qui ? moi,
            B iij

Moi, dis-je, & si le ciel féconde ma vail-
     lance,
Je demande de vous, Seigneur, pour
     récompense,
De partir à l'inſtant ſans être retenu,
Sans voir Aménaïde, & ſans être connu.

**Les Chevaliers arrivent : Or-
baſſan exhorte Argire à ſe retirer,
à s'épargner l'horrible ſpectacle
que l'on prépare. Tancréde lui
dit :**

Non, demeurez, mon père.

**Aménaïde paroît chargée de
fers, environnée de ſoldats ; la
foule des citoyens eſt répandue
dans l'enfoncement ; les Chevaliers ſont ſur un côté du théâtre,
Tancréde & Argire ſont de l'autre ; mais de manière que Tancréde ne peut être apperçu d'Aménaïde : elle leve les mains au ciel :**

Oh ! justice suprême !

Toi, qui vois le passé, le présent, l'avenir,

Tu lis seule en mon cœur, toi seule es
équitable ;

Des profanes humains la foule impi-
toyable,

Parle, & juge en aveugle, & condamne
au hasard.

Au milieu de son discours elle
apperçoit Tancréde. Elle tombe
évanouie. Il s'écrie :

Ah ! ma seule présence

Est pour elle un réproche... il n'importe :
arrêtez,

Ministres de la mort, suspendez la ven-
geance :

Arrêtez, Citoyens, j'entreprends sa dé-
fense ;

Je suis son Chevalier.

Il jette son gantelet devant Orbassan, qui accepte le défi : ils sor-

tent tous deux, & Arménaïde, qui est libre jusqu'à l'événement du combat, s'en va, soutenue de son père.

Cet Acte me paraît un des plus beaux que nous ayons au théâtre : l'intérêt marche avec une vivacité singulière : le spectateur n'a pas le temps de respirer : le Spectacle est brillant & pathétique , & il est exécuté merveilleusement.

Tancréde rentre au quatriéme Acte : il est vainqueur, Orbassan est mort. Les Chevaliers le conjurent de le remplacer , & de marcher à leur tête contre Solamir : il le leur promet. Aldamon lui demande s'il ne paraîtra pas aux yeux de celle qu'il vient de sauver ; Tancréde lui répond qu'elle en est indigne : sa douleur s'exhale en reproches ; il est désespéré ; il veut l'oublier & mourir. *Etre trahi pour Solamir !*

Et pour comble d'horreur, elle a cru
    s'honorer,
Au plus grand des humains elle a cru se
    livrer :
Que cette idée encor m'indigne & m'hu-
    milie !
Quoi ! l'Arabe insolent domine en Italie !
Quoi ! le sèxe imprudent que tant d'éclat
    séduit ;
Ce sèxe, à l'esclavage, en leurs climats
    réduit :
Frappé de ce respect que des vainqueurs
    impriment,
Recherche lâchement des maîtres qui
    l'oppriment ;
Il nous trahit pour eux, nous, son servile
    appui,
Qui vivons à ses pieds, & qui mourons
    pour lui.

On vient lui annoncer qu'il faut
aller aux ennemis ; il y court. Amé-

naïde l'arrête , & fe jette à fes
pieds. Sans le faire connaître , elle
lui témoigne toute la reconnaif-
fance qu'elle doit à fon libérateur.
Tancréde l'écoute avec la froideur
la plus accablante : enfin il lui répond.

Retournez , confolez ce vieillard que
    j'honore ,

D'autres foins plus preffans me rappel-
    lent encore ,

Envers vous , envers lui , j'ai rempli
    mon devoir ,

J'en ai reçu le prix , je n'ai point d'autre
    efpoir.

Trop de reconnoiffance eft un fardeau
    peut-être.

Mon cœur vous en dégage , & le vôtre
    eft le maître

De pouvoir, à fon gré , difpofer de fon
    fort :

Vivez.. heureufe.... & moi, je vais cher-
    cher la mort.

Aménaïde demeure immobile d'étonnement: sa confidente lui fait entendre que Tancréde, trompé sans doute par l'opinion générale, croit que Solamir est aimé d'elle, & que la lettre est pour lui, son erreur est excusable. Non, dit Aménaïde,

Rien ne peut l'excuser.
Quand l'univers entier m'accuserait d'un crime
Sur son jugement seul, un grand homme appuyé,
A l'univers séduit oppose son estime.
Il aura donc, pour moi, combattu par pitié !

Ce dernier vers est au-dessus des éloges.

Argire paraît, & lui demande s'il ne peut connaître & embrasser le Héros qui lui a rendu sa fille; C'est Tancréde,

(lui dit-elle,)

Et quel autre eut été mon appui ?

Elle lui apprend que c'étoit à lui que s'adreſſait la Lettre : elle veut courir au combat & ſe juſtifier devant lui & devant toute l'armée. Son père lui repréſente que les Loix & les mœurs le lui défendent. Quoi ! lui dit-elle,

Quoi ! ces horribles Loix dont le joug
  vous opprime,
Auront pris dans vos bras votre ſang
  pour victime,
Elles auront permis qu'aux yeux des
  Citoyens
Votre fille ait paruc dans d'infâmes liens ;
Et ne permettront pas qu'aux champs de
  la victoire,
J'accompagne mon père & défende ma
  gloire ;
Et le ſexe en ces lieux conduit aux
  échaffauts,
Ne pourra ſe montrer qu'au milieu des
  bourreaux.   L'injuſtice

L'injustice à la fin produit l'indépendance.

On veut l'arrêter en vain , elle fort désespérée.

Il y a peu d'action dans cet Acte, mais il est plein d'une éloquence tragique , qui , sans contredit est le premier mérite d'une Piéce, & aujourd'hui le plus rare.

Les Chevaliers reviennent au cinquiéme Acte : ils font vainqueurs , & la victoire est dûe à Tancréde ; mais on ne sait ce qu'il est devenu. Argire paraît, & leur dit de voler au secours de Tancréde qui s'est précipité parmi les ennemis. Ils y courent. Aménaïde vient pleurer ses malheurs dans les bras de son père. Fanie leur annonce que Tancréde est vainqueur. Aménaïde au comble de sa joie, s'écrie !

Oppresseurs de Tancréde , ennemis , citoyens,

Tombés tous à ſes pieds , il va tomber
aux miens.

Aldamon mieux inſtruit , vient
lui dire que Tancréde eſt bleſ-
ſé mortellement , il lui apporte
une lettre tracée de ſon ſang , où
il lui reproche ſa perfidie , qui eſt
cauſe de ſa mort. Aménaïde eſt
dans l'état le plus affreux, & dit.
Tancréde meurt , hélas ! Sans être dé-
trompé.

On apporte ſur le Théâtre ce
Héros expirant. Aménaïde ſe pré-
cipite ſur lui. Il lui dit d'une voix
mourante :

Ah ! vous m'avez trahi !

Aménaïde & ſon père le dé-
trompent. Il ſait que ſa Maîtreſſe
eſt fidèle. Il eſt conſolé.

Argire , écoutez-moi.

Voilà le digne objet qui me donna ſa foi ;
Voilà de vos rigueurs la victime in-
nocente.

A ſes tremblantes mains joignés ma
    main ſanglante ;
Que j'emporte au tombeau le nom de ſon
    époux.

. . . .

J'ai vécu pour venger ma femme & ma
    patrie.
C'en eſt fait…

Il expire : Aménaïde au comble du déſeſpoir, tombe morte à ſes
côtés.

Il y a bien des longueurs dans
cet Acte ; mais la dernière Scène
eſt le chef-d'œuvre de l'intérêt.

En général, cette Pièce, qui a
des défauts ſans doute, eſt pleine
de beautés, qui ſont dignes du
grand homme qui en eſt l'Auteur ;
& je crois qu'elle reſtera au théâtre. Cette Tragédie & celle de Sé-
miramis ſont les Pièces Françai-
ſes où il y ait le plus de ſpectacle ;
& cette partie n'eſt pas la dernière

du genre dramatique : les rôles d'Aménaïde & de Tancréde font très-bien faits, fur-tout le premier : celui d'Argire n'eft pas rempli. La verfification, moins forte de coloris que celle de la plûpart des Pièces de M. de Voltaire, eft au moins auffi forte de fentimens & de paffions : la tranfpofition des rimes m'a paru jetter quelquefois de la langueur dans le ftyle, par la facilité de les redoubler ; ce qui rend la marche des penfées plus traînante ; & ce qui me confirme dans mon opinion, c'eft que tous les morceaux les plus vifs font rimés à l'ordinaire ; ainfi, fans blâmer cette nouveauté, je ne crois pas qu'on en puiffe tirer beaucoup davantage, ni par conféquent qu'on doive l'imiter.

Un de ces hommes, qui feraient inutiles au monde, s'il n'y avait pas de talens à décrier, & qui font quelquefois à craindre , parce qu'ils n'ont rien à perdre, vient d'annoncer Tancréde d'une manière fort étrange : cette Pièce, selon lui, n'aurait pas été à la fin , sans le nom de son Auteur : elle lui a paru *ennuyer beaucoup ; mais faire plaisir aux troisième & quatrième Actes* : il ajoute cependant qu'il *est téméraire de la juger sur une première impression.*

1°. Il est donc bien téméraire lui-même ; car, assurément, dire qu'une Pièce *n'aurait pas été jus- qu'à la fin*, c'est la juger. Au surplus cette témérité est bien sans conséquence.

2°. Comment se fait-il qu'une Pièce, qui *ennuye beaucoup*, soit jouée treize fois dans le temps le plus pénible, & soit aussi suivie ? Je crois bien que le plaisir des autres a fort ennuyé notre Censeur ; mais l'Ecossaise a dû lui apprendre

que le Public s'amusait beaucoup,
lorsque lui-même devait fort s'ennuyer.

3°. Il est bien difficile qu'une
Pièce qui *fait plaisir aux troisième
& quatrième Actes*, puisse *ennuyer beaucoup* : ce sont les Actes
dont on attend le plus, & quand
ils sont remplis, la Pièce ne sçau-
rait *ennuyer beaucoup*. Qu'il doit
être, satisfait de ce petit coin de ses
feuilles ! Il a sçû en dix ou douze
lignes rassembler un mensonge,
une absurdité & une contradic-
ction. C'est bien employer le pa-
pier.

Je suis, &c.

A Paris ce 25 Septembre 1760.

www.ingramcontent.com/pod-product-compliance
Lightning Source LLC
Chambersburg PA
CBHW051407050726
47595CB00006B/2748